AF444535

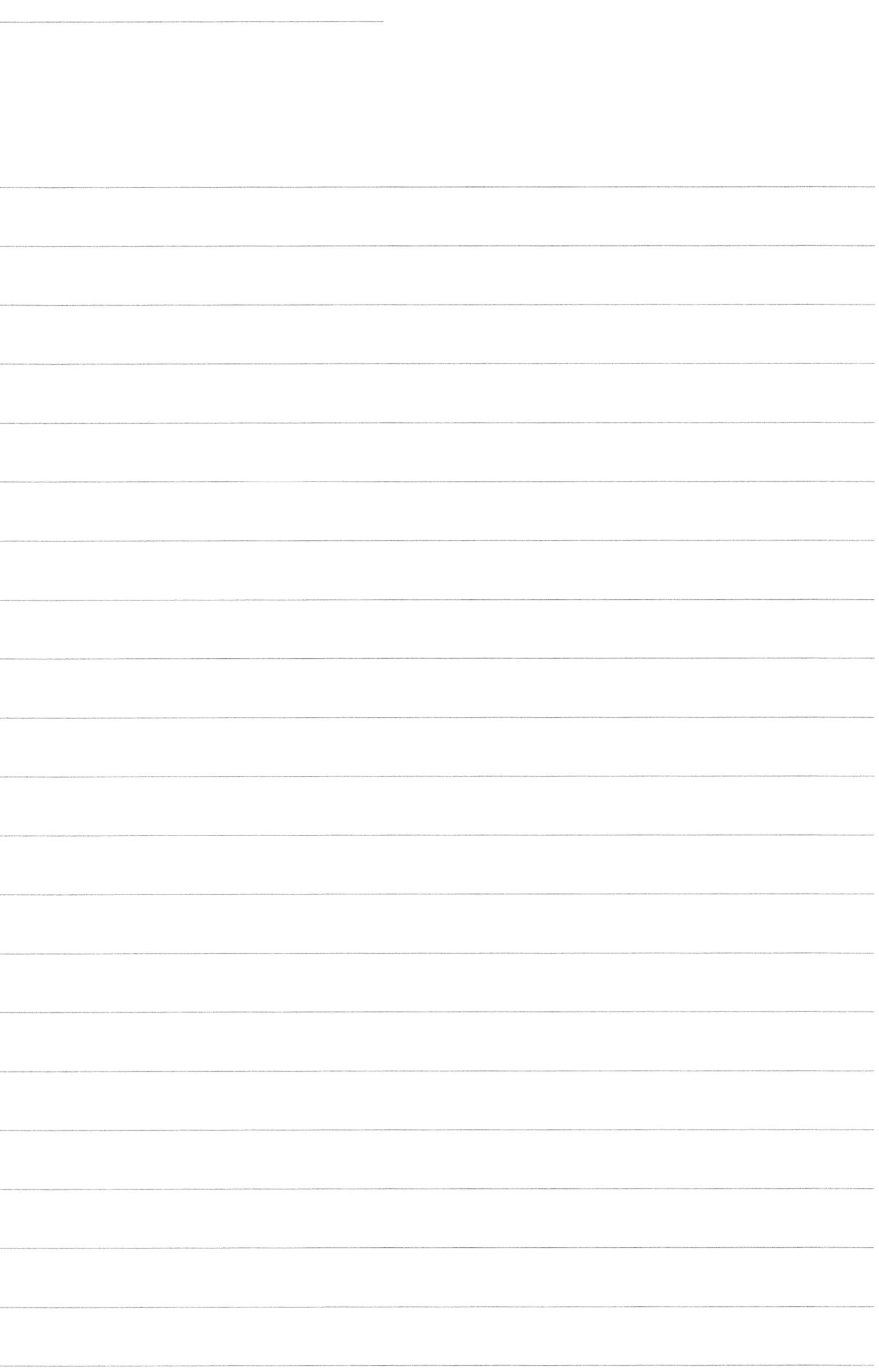

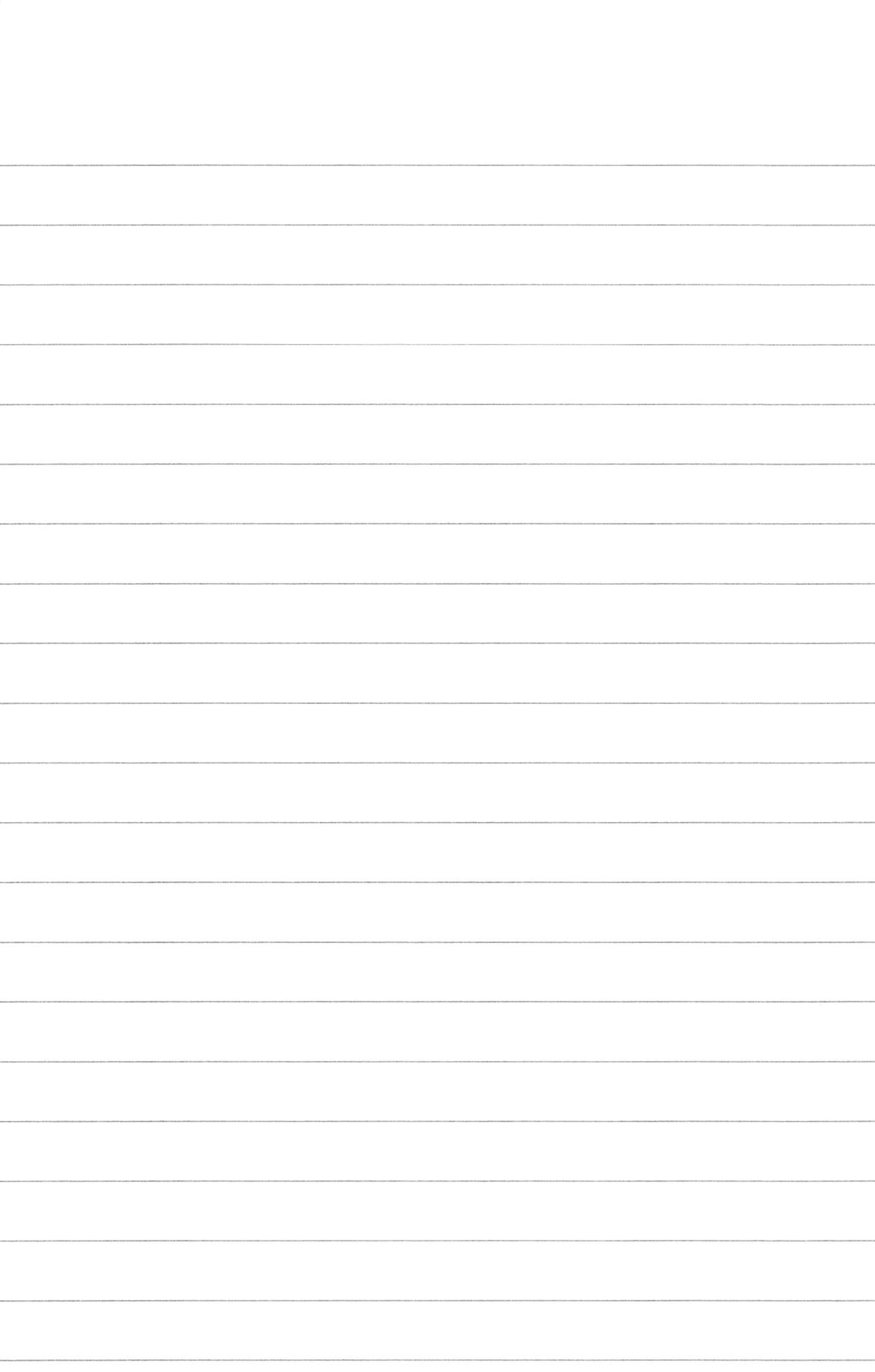

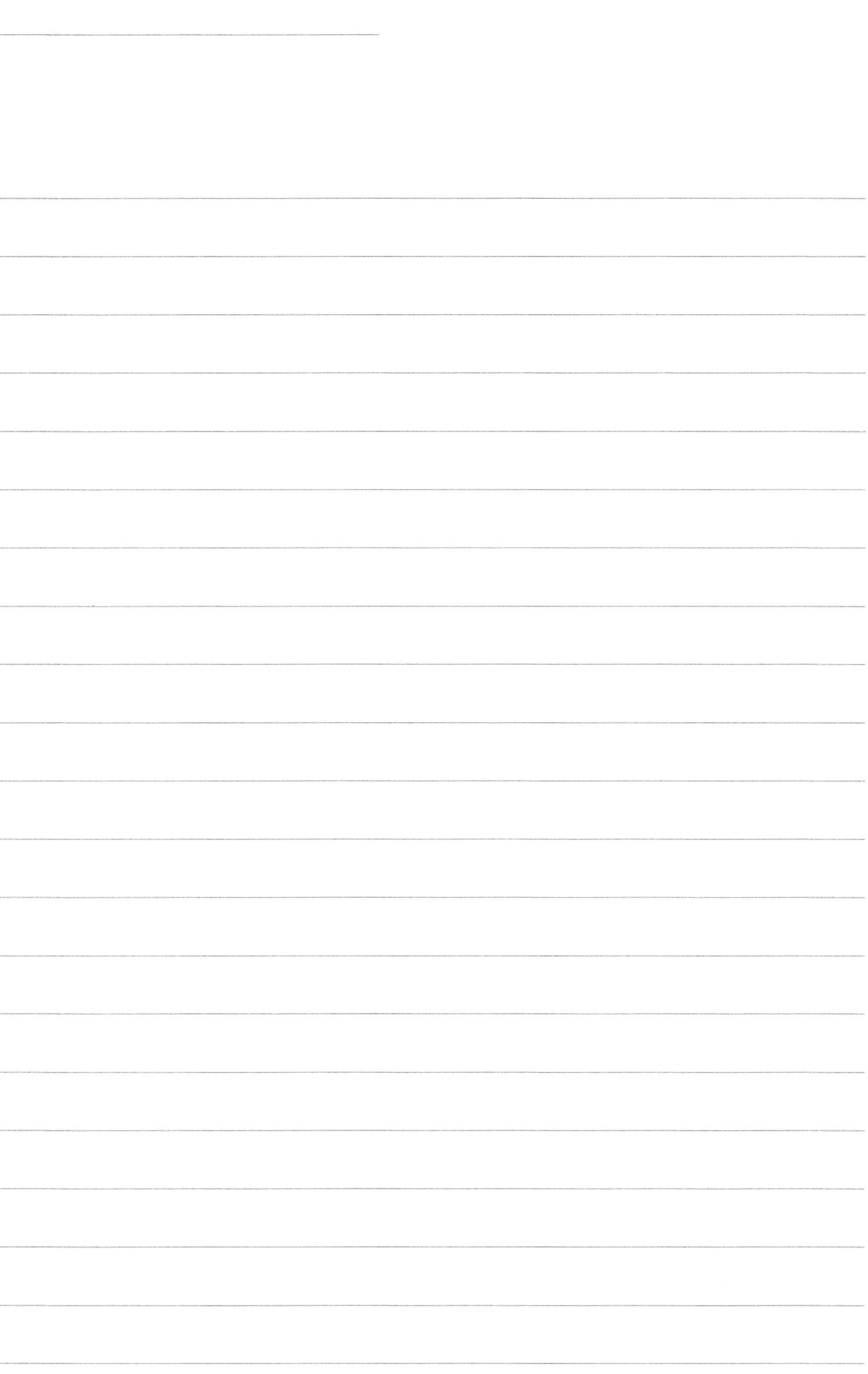

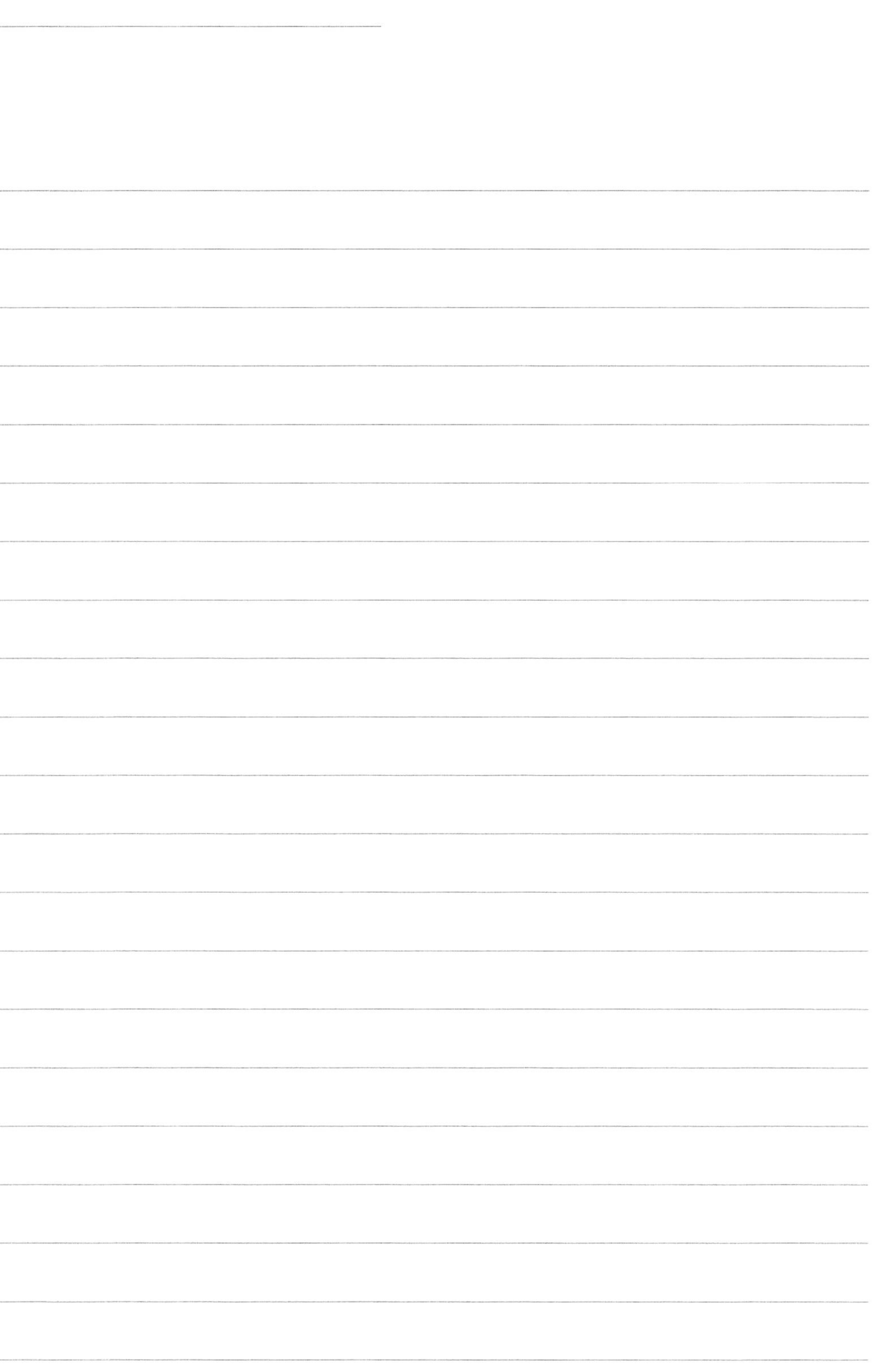

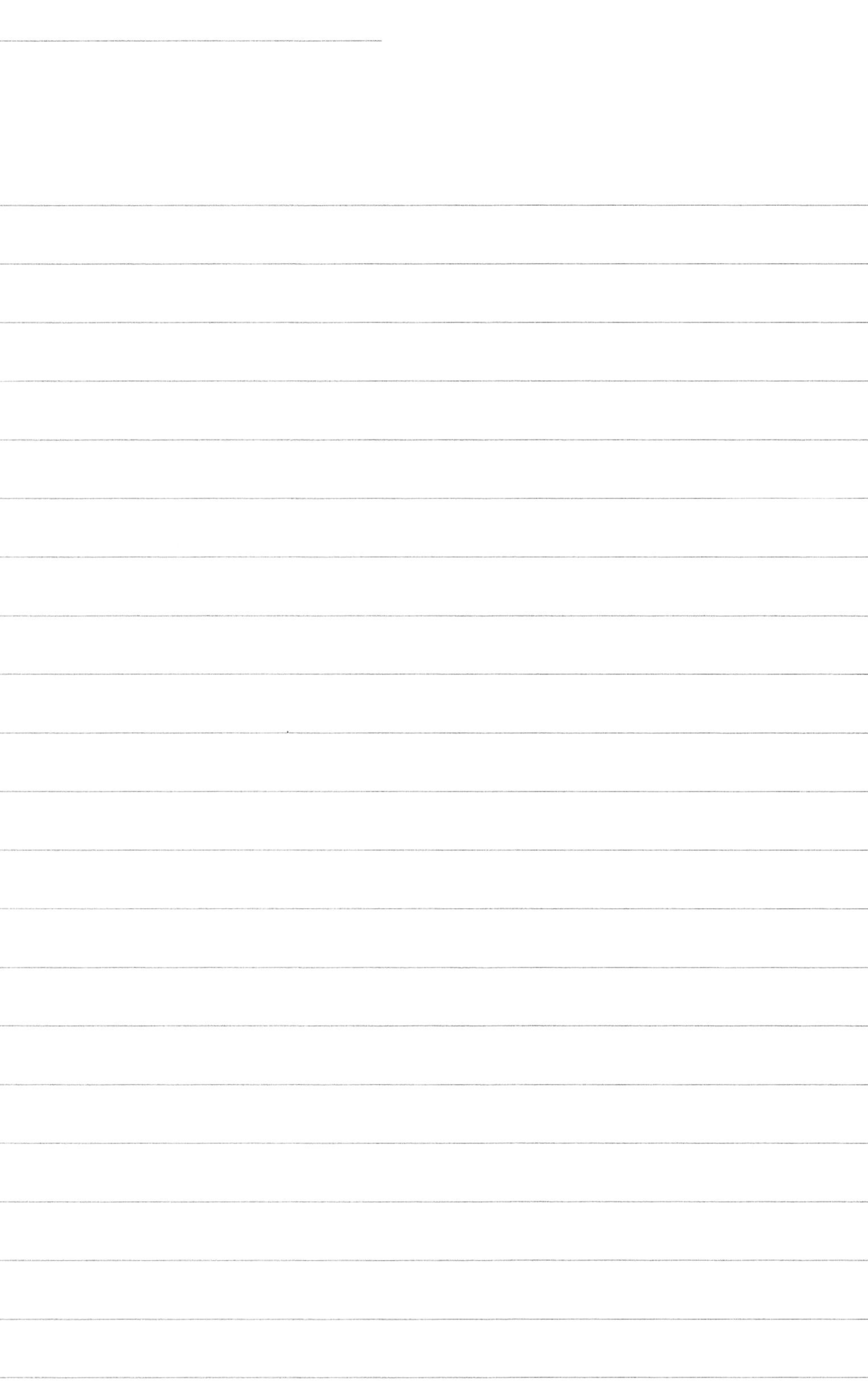

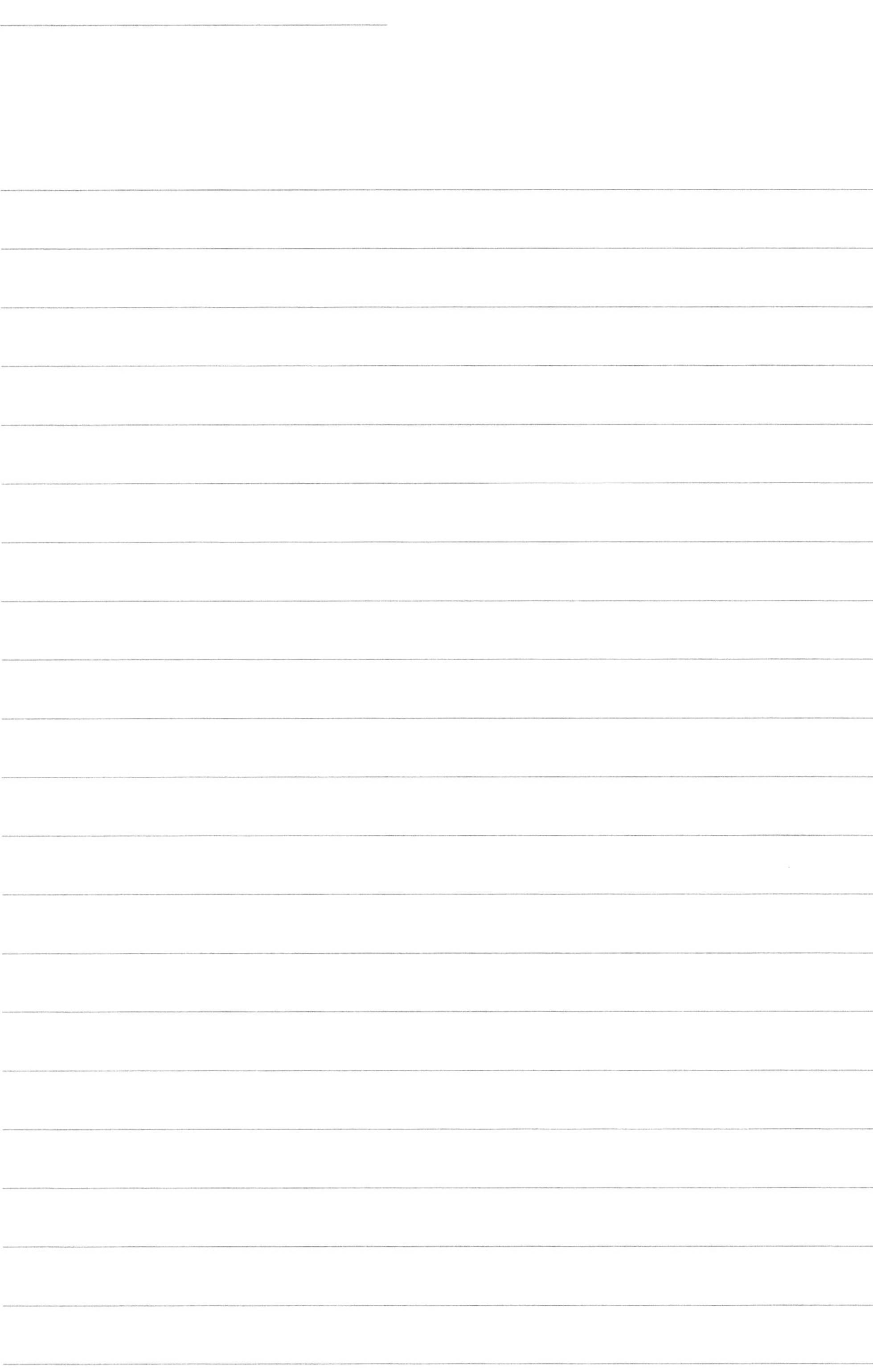

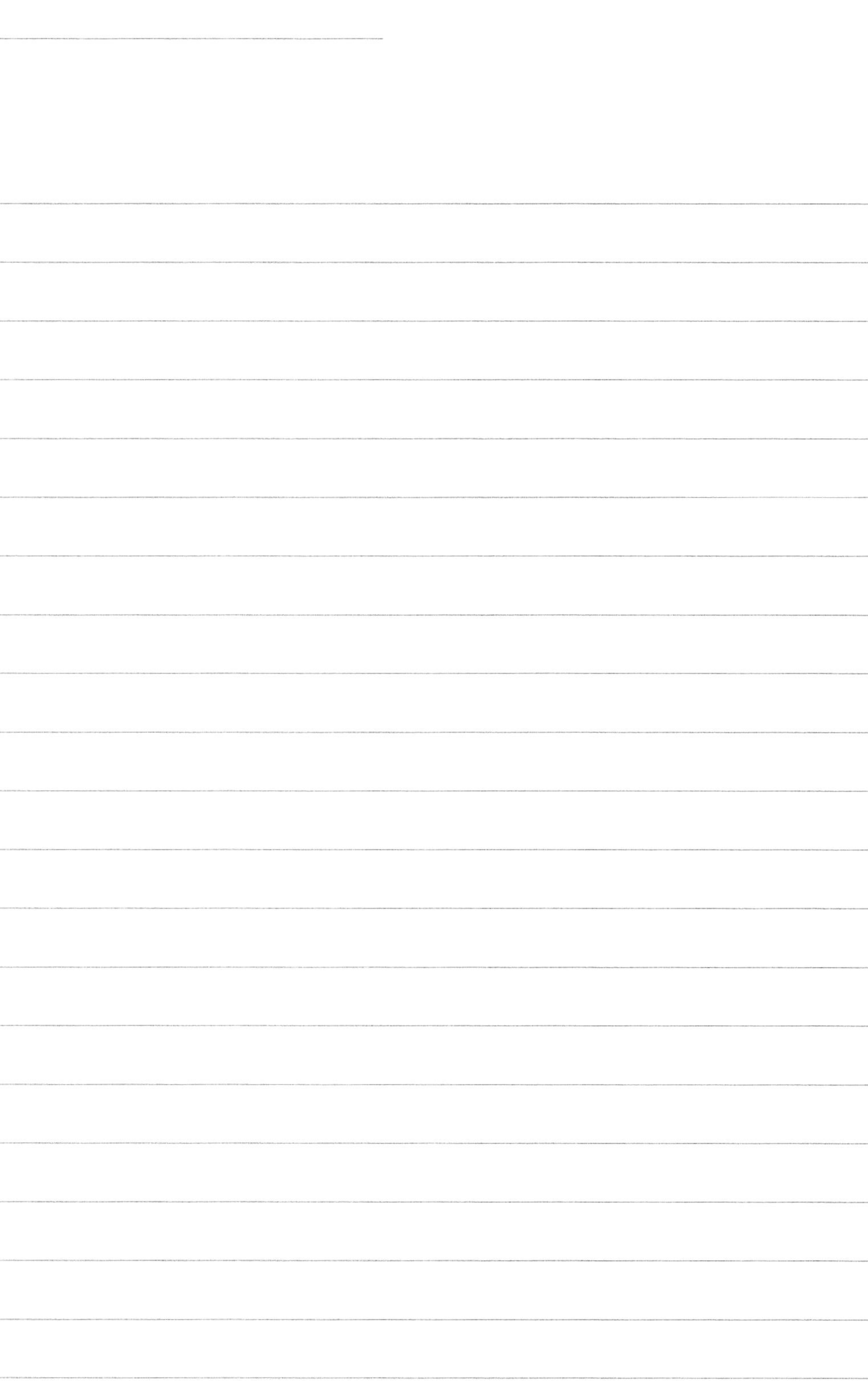

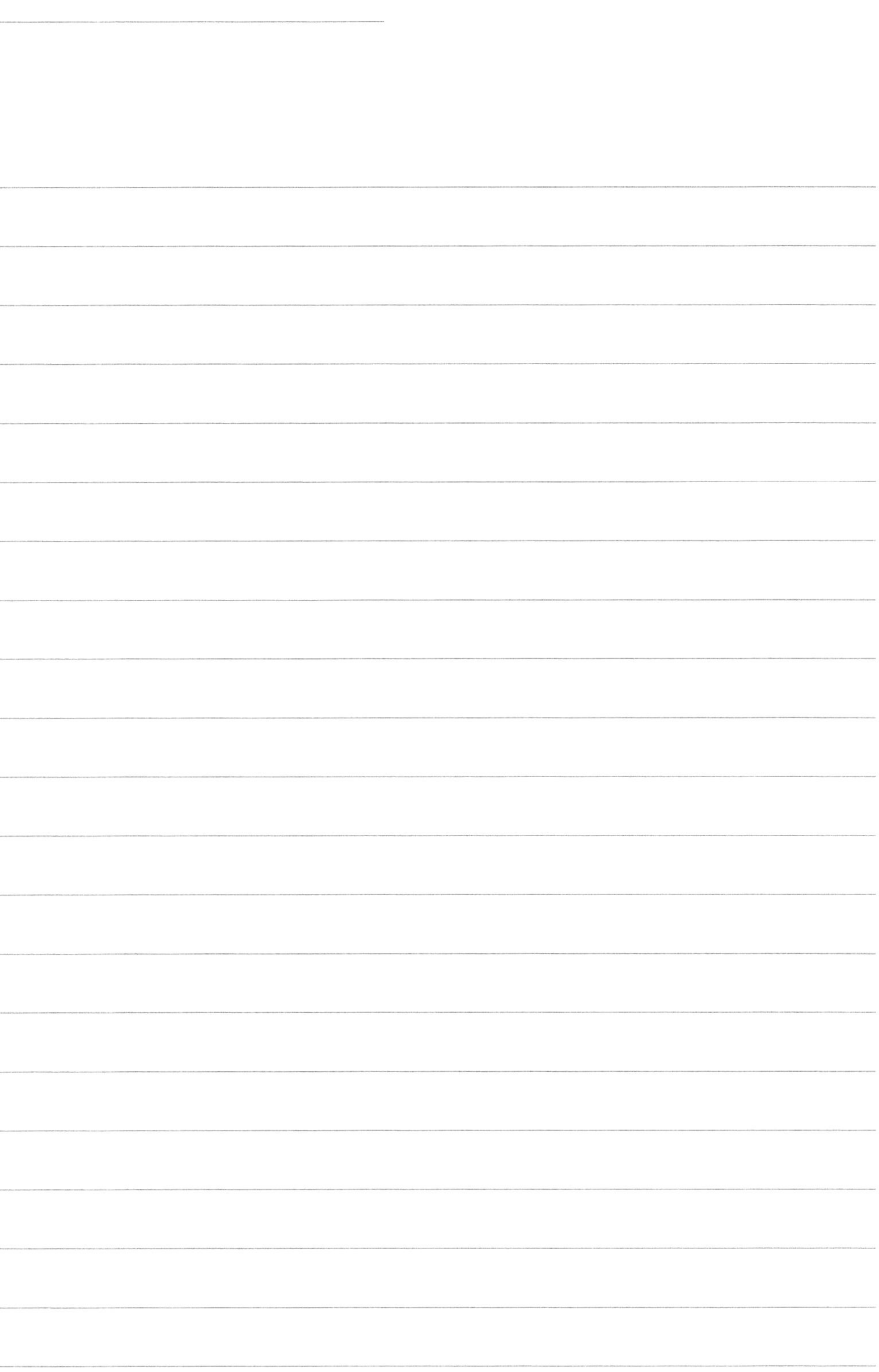

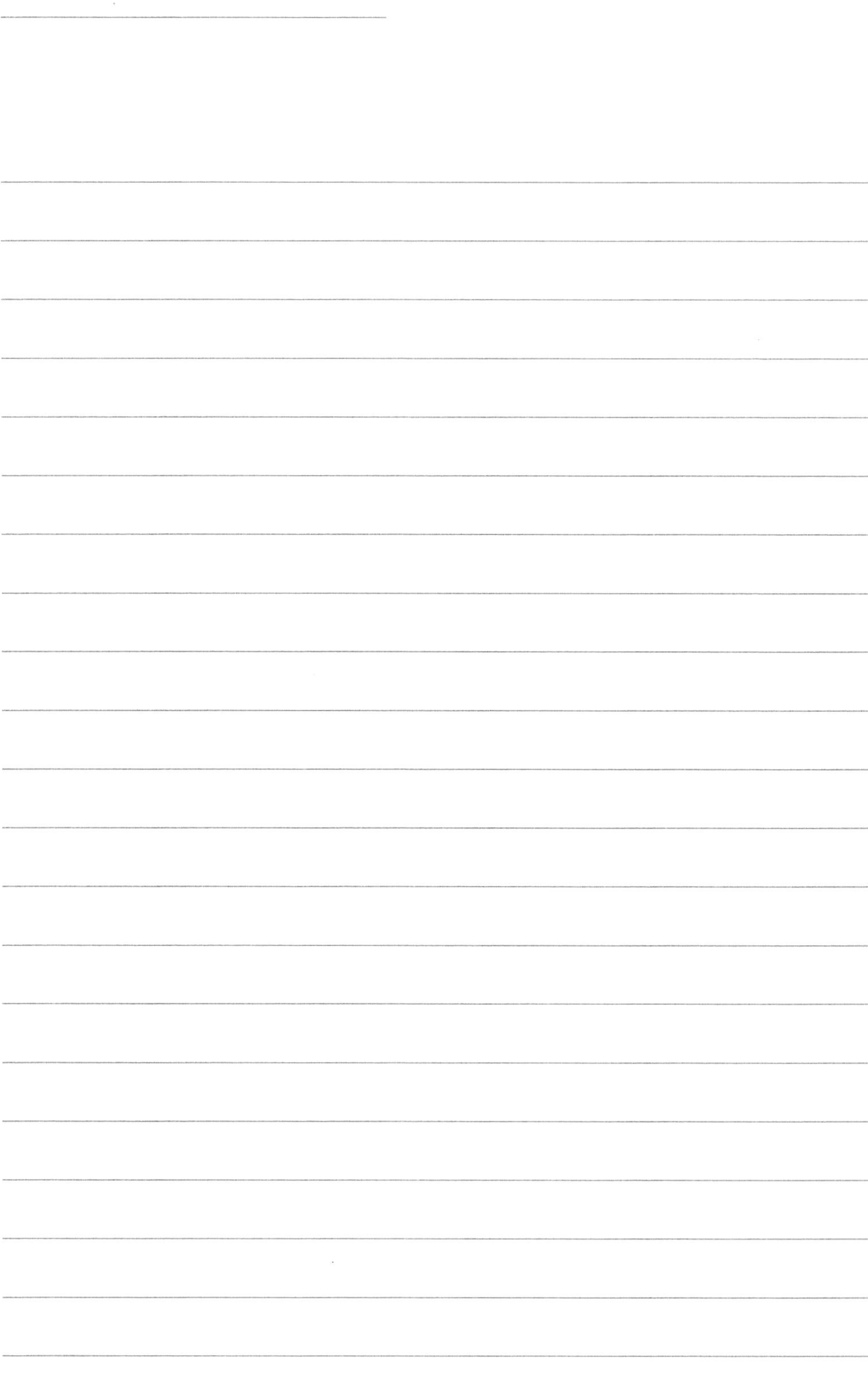

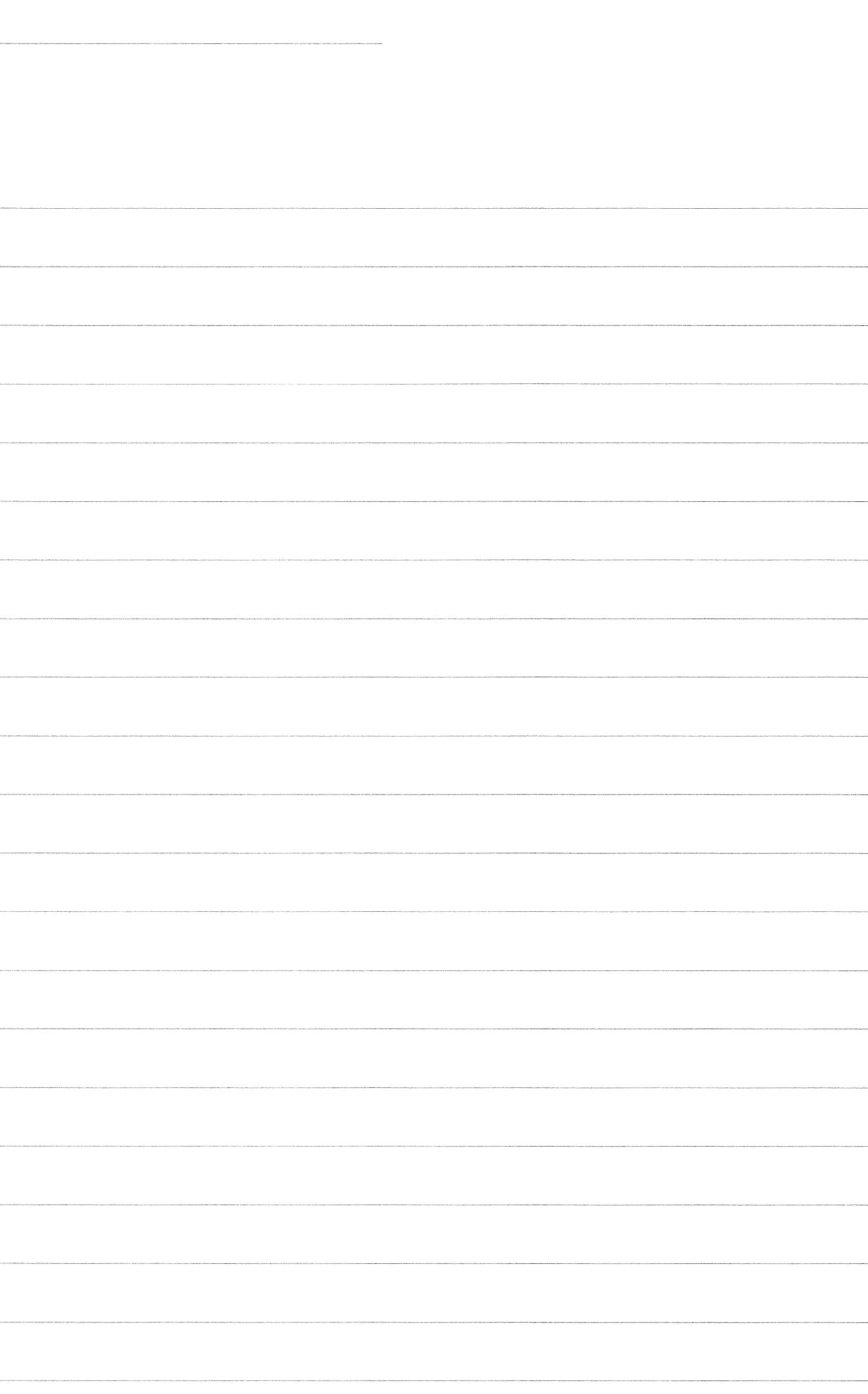